Ingeborg Pilgram-Brückner

Und der Himmel grüßt die Erde

Weihnachtsgeschichten rund um die Krippe

Mit Scherenschnitten von Luise Duttenhofer

Kreuz Verlag

Die Originale der Scherenschnitte von Luise Duttenhofer befinden sich im Besitz des Schiller-Nationalmuseums/Deutschen Nationalarchivs Marbach/Neckar

CIP-Titelaufnahme der Deutschen Bibliothek

Pilgram-Brückner, Ingeborg:
Und der Himmel grüßt die Erde: Weihnachtsgeschichten rund um d. Krippe / Ingeborg Pilgram-Brückner. – 1. Aufl. – Stuttgart: Kreuz-Verl., 1988
ISBN 3-7831-0940-X

1. Auflage
Kreuz Verlag Stuttgart 1988
Umschlaggestaltung: Hans Hug
Umschlagfoto: Hartmut Noeller
Gesamtherstellung: Wilhelm Röck, Weinsberg
ISBN 3 7831 0940 x

Inhalt

Der Ochs Elam und der Esel Asa

In ihrem alten Stall standen Asa, der Esel, und Elam, der Ochs. Geruhsam dösten sie vor sich hin. Es war eine bitterkalte Winternacht. Von Zeit zu Zeit blies der Wind in mächtigen Stößen durch das morsche Gebälk, als wollte er das letzte bißchen Wärme aus dem Stall hinausfegen.

»Eijeijei, nach dem schrecklichen Tag jetzt auch noch diese Kälte«, jammerte der Esel. Elam, der Ochs, kuschelte sich ins Stroh und meinte: »Na, wenigstens haben sie uns heute eine frische Lage hineingestreut.« Dann fragte er: »War's denn wieder so schlimm bei dir mit dem Bauern?«

»O-j-ajaja«, stöhnte der Esel Asa, »mein ganzer Rücken tut mir weh, so hat er mir aufgepackt, der Bauer, und sieh dir meine Flanken an, diese Striemen, so hat er mich geprügelt.«

»Warst wohl wieder zu störrisch«, meinte der Ochs.

Das Eselchen schüttelte den Kopf, daß seine langen Ohren schlackerten: »Was heißt hier störrisch. Man muß ja nicht immer seinem Herrn gehorchen. Ich habe schließlich auch einen eigenen Willen.«

Der Ochs lachte: »Und bekommst die Quittung dafür: Prügel.«

Asa antwortete: »Du hast recht, aber ich kann nicht immer parieren.«

Der Ochs seufzte tief: »Mit mir gehen die Menschen auch nicht gerade sanft um. Auch ich muß parieren, muß den Karren über Stock und Stein, durch Sand und Lehm ziehen, und wenn er noch so schwer beladen ist.«

Der Esel stampfte mit dem Huf auf: »Die Menschen sind grausam.«

Dann schwiegen die beiden eine Weile.

Auf einmal wurde der Ochs unruhig. Er stand auf, erst auf die Vorderfüße, dann auf die Hinterfüße, und dann stapfte er hin und her.

»Was hast du nur? Warum bist du so unruhig?« fragte der Esel.

Elam, der Ochs, starrte vor sich hin: »Ich weiß es auch nicht. Irgend etwas spüre ich, irgend etwas ist los. Ich weiß nicht was, aber es ist etwas Ungewohntes.«

»Etwas Schlimmes?« fragte der Esel erstaunt.

»Ich weiß es doch auch nicht.«

»Vielleicht ein Gewitter?«

»Nein, nein, kein Gewitter…«

»Ein Sturm?« fragte der Esel weiter.

»Nein, auch das nicht. Es ist etwas Ungewohntes, etwas, das noch nie da war.«

Ochs und Esel lauschten.

Da plötzlich legte sich der Wind. Es wurde ganz still, draußen wie drinnen. Kein Vogel piepste, kein Huhn gackerte, keine Maus raschelte, nichts, rein gar nichts war zu hören, kein Laut. Was hatte das zu bedeuten? Die beiden Tiere im Stall, der Ochs und der Esel, wagten nicht, sich zu bewegen. Diese ungewohnte Stille schien alles zu beherrschen und schlug jedes Wesen in ihren Bann. Der Ochs horchte in die Ferne. Das Eselchen zitterte am ganzen Körper.

Da … da knirschte etwas vor dem Stall. Plötzlich wurde die Türe aufgerissen. Der Bauer leuchtete mit seiner Laterne hinein.

»Hier könnt ihr bleiben, hier ist noch Platz genug. Ich laß euch auch meine Lampe da.« Das sagte er zu einem Mann, der im Türrahmen stand, und zu der Frau, die ängstlich in den Stall hineinblickte. Der Bauer gab dem Mann die Laterne und ging wieder zu seinem Hof. Vorsichtig leuchtete der Mann in den Stall hinein und tastete sich ein paar Schritte vorwärts. Die Frau wartete in der Tür. Es war eine schöne Frau, sie hatte ein liebes Gesicht, das stellten Ochs und Esel sogleich fest.

Der Mann leuchtete den Stall aus und entdeckte die beiden Tiere. Der Ochs wich ein Stück zur Seite, das Eselchen fing wieder an zu zittern. Da hielt der Mann den Tieren die offene Hand hin: »Ihr braucht keine Angst vor uns zu haben, wir tun euch nichts.« Die Frau aber ging nun auf das Eselchen zu, betrachtete die Striemen an seiner Seite und sagte: »Schau, Josef, ich glaube, die haben ihn bös' geschlagen.« Dann strich sie liebevoll über das graue Fell des Tieres, und da, eigenartig, da schmerzten die Striemen auf einmal gar nicht mehr.

»Das ist ja ein Wunder«, dachte der Esel, aber er sagte nichts. Mit Tränen in den Augen starrte er die junge Frau an. Sie war der erste Mensch, der ihn so behandelte, wie er es sich immer von den Menschen gewünscht hatte. Jetzt kraulte sie ihn am Kopf. Der Esel nickte dankbar und glücklich.

Gerührt betrachtete Josef die stille Zwiesprache zwischen der Frau und dem Tier, und leise sprach er: »Wenn du willst, Maria, schenke ich dir das Eselchen. Gewiß verkauft es uns der Bauer. Dann wird es auch nie mehr geschlagen. Doch jetzt mußt du an dich denken.«

Der Esel schaute die beiden voll Dankbarkeit an: »Euch werde ich folgen, wohin ihr wollt; bei euch werde ich bestimmt niemals störrisch sein.«

Josef hatte es plötzlich sehr eilig. Er machte von dem umherliegenden Stroh ein Lager für die junge Frau, die sich bald niederließ. Zu den Tieren aber sagte er: »Verhaltet euch schön still. Maria wird bald einen Knaben zur Welt bringen, und es wird ein besonderes Kind sein. Um das Knäblein hineinzulegen, brauche ich eure Krippe. Laßt ihr sie mir?«

Asa, der Esel, und Elam, der Ochs, nickten eifrig. Sie waren so zahm wie noch nie zuvor und rührten sich nicht, bis das Kind zur Welt gekommen war. Als erste beschnupperten sie dann die Krippe. Das Knäblein war wunderschön. Die Frau hatte es zwar in Windeln gewickelt, aber es schien doch zu frieren. Draußen hatte sich der Wind wieder aufgetan und heulte durch die Ritzen wie zuvor.

»Was machen wir nun, wenn das Kindlein bei dieser Kälte friert?« fragte das Eselein. Der Ochs überlegte. Dann meinte er: »Ich hab's, hör zu! Wir haben doch unseren warmen Atem. Komm, Asa, hauchen wir es beide an, damit es ihm warm wird.« Und sie taten es, immer und immer wieder.

Dankbar schaute Maria auf die beiden Tiere: »Mein Sohn wird es euch lohnen. Er wird die Menschen lehren, gut zueinander zu sein und auch zu den Tieren. Er wird sie lehren, daß die Tiere ebenso ihre Brüder und Schwestern sind wie die Menschen.«

Josef streichelte Elam und Asa: »Ihr habt dem Kindlein eure Wärme geschenkt. Das ist wie ein erstes Zeichen der Liebe.«

Auf einmal wurde es überirdisch hell im Stall, und es war, als ob ein Chor der Engel sänge:

»Der Heiland ist geboren,
freu dich, o Christenheit;
sonst wärn wir gar verloren
in alle Ewigkeit.
Freut euch von Herzen, ihr Christen all,
kommt her zum Kindlein in den Stall.
Halleluja.«

In dieser Stunde waren der Ochs Elam und der Esel Asa die glücklichsten Tiere, die es je in einem Stall gegeben hat.

Der Mandelbaum und das große Licht

Die Erde fror, und mit ihr fror der junge Mandelbaum. Bis in die kleinsten Äste und Zweige hinein tat ihm die Kälte weh. Es war ein Schmerz, der ans Sterben erinnerte, so lähmend, so tief, so zerreißend. »Werde ich diesen harten Winter wohl überleben?« fragte sich der Mandelbaum. Fast wünschte er sich, bald zu sterben, so weh taten ihm Äste und Rinde. Doch dann dachte er wieder an den Frühling und Sommer, an Sonne und Wind und an das fröhliche Geplauder mit den Vögeln, den Schmetterlingen und Bienen. Sollte das dann alles vorbei sein? – Ein eiskalter Wind fuhr übers Feld und riß an den hartgefrorenen Ästen. Der junge Mandelbaum schrie auf im Schmerz.

Die alten, knorrigen Olivenbäume, die neben ihm auf dem Feld standen, mußten nicht ganz so schwer leiden. Sie hatten schon so manchen harten Winter überlebt und dabei Kräfte gesammelt, um der grimmigen Kälte besser Widerstand leisten zu können. Auch waren sie durch ihre starken Wurzeln fester mit der Erde verbunden als der junge Mandelbaum. Dennoch, dieser Winter ging selbst über ihre Kräfte. Sie stöhnten auf und klagten ihren Schmerz der Mutter Erde. Doch auch sie war durchfrostet von der Kälte und konnte ihre Geschöpfe nicht trösten. Die Luft war erfüllt vom Leid der Natur.

Auf einmal, kurz vor Mitternacht, ging eine seltsame Wandlung durch die Atmosphäre. Der Schmerz der Natur wurde zurückgedrängt von einem Gefühl der Hoffnung, das wie ein milder Regen vom Himmel rieselte. Die Sterne strahlten nicht mehr so kalt wie zuvor. Ein warmer Schimmer hatte sich über ihr Licht gelegt. Die Erde, die Pflanzen und die Tiere lauschten in die Stille der Nacht, und aus der Hoffnung wuchs eine Erwartung.

Mitten in diese Erwartung hinein wurde es plötzlich strahlend hell. Ein seltsames Licht leuchtete auf, dehnte sich aus über die ganze Erde. Es leuchtete stärker als die Sonne am schönsten Sommertag, inniger, tröstender, voller Liebe. Und dieses Licht durchwärmte die Erde und die Bäume.

Wie lange dieses Leuchten dauerte, das ist schwer zu sagen. Wahrscheinlich war es nur ein kurzer Augenblick, denn nur wenige Menschen erlebten diese plötzliche Helligkeit mit.

Dennoch war es dem jungen Mandelbaum, als ob er in dieser Zeit geblüht und zugleich Früchte getragen hätte. Er fror nicht mehr und war so glücklich wie nie zuvor. Auch die alten, knorrigen Olivenbäume atmeten erleichtert auf. In der Erde aber regten sich die kleinen Naturwesen, die bisher geschlafen hatten, die Gnome, die Wurzelwichtel und die Elfen. Geschäftig liefen sie hin und her und riefen: »Der Erlöser ist auf die Erde gekommen! In seinem Licht, in seiner Liebe können wir die Erde neu gestalten. Es wird keinen verzweifelten Winter mehr geben. Laßt uns wirken mit der Kraft, die uns heute geschenkt wurde!«

Da atmete die alte Mutter Erde tief auf, und es war ihr, als würde sie neu geboren. Auch der junge Mandelbaum war erfüllt von neuer Hoffnung und Zuversicht. Er ahnte, daß eine kosmische Kraft die Natur beschenkt hatte. Er wußte, daß von nun an auch der härteste Winter von einer liebenden Wärme durchflutet sein würde. Ja, und darum arbeitete der junge Mandelbaum jetzt frohgemut in sich an den jungen Blättern und Blüten, auf daß sie zu der ihnen gegebenen Zeit ans Licht kämen.

Das Lämmchen Wuschel

Es war ein eiskalter Wintertag. Der erste Schnee lag auf dem gefrorenen Boden. Am Waldrand entlang schlich Graupfote, der Wolf. Er war so hungrig wie noch nie zuvor. Tagelang hatte er nichts zum Fressen gefunden; die Hasen und Kaninchen verbargen sich tief in ihren Erdlöchern. Nicht einmal ein Vogel war vom Baum auf den harten Waldboden gefallen, nichts, was Graupfotes Hunger hätte stillen können.

Der Wolf schlich weiter und horchte nach allen Seiten. Nichts. – Über ihm saß ein großer, aufgeplusterter Rabe im Baum. Er verhielt sich mucksmäuschenstill. Der Rabe Krakra wußte zwar, daß der Wolf weder klettern noch fliegen konnte. Aber lieber stille sein; sicher ist sicher.

Da plötzlich kreischte es laut über dem Waldrand: Der Eichelhäher, der Warner der Tiere im Wald, hatte den Wolf entdeckt. Er schlug Alarm und flatterte hin und her. Nun spürte auch das letzte Mäuslein, daß es besser sei, in seinem Schlupfwinkel zu bleiben. Und so wußte auch Graupfote, der Wolf, daß es keinen Zweck mehr hatte, am Waldrand oder im Wald auf Beute zu jagen. Er mußte hinaus aufs freie Feld; vielleicht gab es da zwischen Heidekraut und Wacholder etwas zu finden, vielleicht eine Wildente, die sich im Gesträuch verkrochen hatte. Vorsichtig sicherte Graupfote nach allen Seiten, dann zog er los.

In der Ferne, ja, ganz in der Ferne, da witterte er den Pferch der Schafe mit ihren Lämmern. Das wäre ein Fressen! Aber er hatte schon einmal mit dem Schäfer und seinen beiden Hunden Sandro und Harras Bekanntschaft gemacht. Das wäre beinahe übel ausgegangen. Eine Narbe an seiner rechten Seite zeugte noch heute davon, wie die Hunde ihm damals, im Herbst, das Fell eingerissen hatten. Und jetzt, schwach vor Hunger, würde er es bestimmt nicht wagen, sich dem Pferch auch nur zu nähern.

In diesem Pferch aber lebte das Lämmchen Wuschel, wohlbehütet vom Schäfer, dem Hütejungen und den beiden Hunden Sandro und Harras. Wuschel war ein hübsches Lamm mit einer zartlockigen, fast weißen Wolle, die sich jetzt im Winter besonders dick und wuschelig anfühlte. Deshalb wurde es auch Wuschel genannt. Ja, der Wuschel war ein Schäfchen, so richtig zum Liebhaben. Aber die Hunde und die anderen Schafe hatten Wuschel gar nicht so gern. Wuschel war nämlich ein recht eigensinniges Tier, das sich als etwas Besonderes fühlte und sich einfach nicht einpassen wollte ins Gefüge der Herde. Leitete der Schäfer die Herde nach links, bog Wuschel nach rechts aus, führte er sie über eine Wiese, stakste Wuschel über den abseits liegenden Acker, selbst wenn das ziemlich anstrengend war. Entweder rannte er weit voraus, oder er zottelte langsam hinterher. Die Hunde hatten oft große Mühe mit dem eigenwilligen Lamm, das zudem noch meinte, es müsse immer

die besten Kräuter bekommen. Und scheren lassen wollte sich der Wuschel auch nicht.

Jedesmal, wenn er den Schäfer mit der Schere kommen sah, rief er: »Ich habe das schönste Fell der ganzen Herde. Ihr dürft mir meine Wolle nicht wegnehmen!«

Ja, eitel war der Wuschel auch noch.

In dieser Winternacht gab es wieder einmal Schwierigkeiten mit ihm. Er kündigte Sandro, dem Hund, der ihn immer ein wenig im Auge behielt, an: »Diese hartgefrorenen Gräser schmecken mir nicht. Ich möchte hinüber zu den Wacholdersträuchern, darunter gibt es sicher noch weichere Kräuter.«

»Du bleibst hier«, bellte Sandro, »da drüben ist es zu gefährlich, dort könnte der Wolf hausen.«

Wuschel verzog das Maul: »Ich bin nun schon ein erwachsenes Lamm und weiß, was ich zu tun

habe. Vor dem Wolf fürchte ich mich nicht. Ich bin schneller als er. Und ich lasse es mir jetzt nicht mehr gefallen, daß ihr so einfach über mich bestimmt! Mit welchem Recht tut ihr das eigentlich?«

Sandro sah Wuschel von der Seite an und knurrte: »Mit dem Recht der Sorge. Aber wenn du nicht willst, daß man sich um dich sorgt, bitte...« Verärgert ließ der Hund das eigenwillige Lamm stehen und trabte davon.

Diese Gelegenheit nützte Wuschel aus. Er eilte zu dem Schlupfloch im Pferch, das er längst ausfindig gemacht hatte, und entwischte, ohne daß es die anderen merkten.

Das erste Stück bis zum nächsten Haselnußstrauch rannte Wuschel. Hier war er sicher vor Sandro und Harras. Und der Wolf? – Vorsichtig schaute Wuschel sich um. Ein wenig Angst hatte er doch, auch wenn er sich dies nicht eingestehen wollte. Aber nichts war zu sehen. Erleichtert stakste er weiter zu den Wacholdersträuchern, aus denen es verlockend duftete. Als Wuschel näher kam, war er außer sich vor Freude. Er hatte sich nicht getäuscht. Darunter gab es noch viele frische, wohlschmeckende Kräuter.

Inzwischen schlich Graupfote, der Wolf, von Haselnußstrauch zu Wacholderbusch immer weiter ins Freie hinaus. Da plötzlich – das durfte doch nicht wahr sein – stand neben einem Strauch ein Lämmchen. Es war gewiß aus der fernen Herde davongelaufen, und der Schäfer hatte es noch nicht gemerkt. Geduckt, den Bauch fast im Schnee, schlich Graupfote näher. Noch ein paar Schritte, dann ein Sprung, und das Jungtier wäre sein Opfer.

Wuschel, der mit seinem Maul in den duftenden Kräutern wühlte, hörte auf einmal ein Knacken im Gesträuch. Erschrocken blickte er auf. Der Wolf! Wie erstarrt blieb das Lämmchen stehen, unfähig, sich zu rühren. Es wollte, aber es konnte nicht fliehen. Voll Angst blickte es in die gelben Augen des Wolfes, in denen sich der Mond spiegelte. Wuschel zitterte am ganzen Körper.

Graupfote, der Wolf, lachte laut: »Hab' ich doch noch eins von euch erwischt! Dein Zittern wird dir gleich vergehen. Ich werde dich fressen.«

Graupfote ließ sich trotz seines großen Hungers Zeit. Das Lamm konnte ihm nicht entkommen. Jetzt duckte er sich zum Sprung, wollte losspringen ... da plötzlich war es ihm, als halte ihn eine fremde Macht zurück.

Ein gewaltiges Rauschen kam von der Wiese her auf die Haselnußsträucher und Wacholderbüsche zu. Der Himmel verfärbte sich golden und rot. Es war, als ob ein heller Lichtschein langsam am Firmament vorüberzöge. Dann war alles still, so still, daß es fast unheimlich war. Kein Wind, kein Tier, keine Pflanze, rein gar nichts rührte sich. Ja, nicht einmal ein Grashalm wagte es, sich zu bewegen. In diese Stille hinein erklang eine wunderbare Musik, und über der Musik schwebte eine mächtige Stimme, die rief:

»Ihr Geschöpfe, habet acht,
Gottes Engel sind hienieden,
störet nicht die Heil'ge Nacht,
haltet Frieden, haltet Frieden!«

Jetzt war es der Wolf, der sich nicht vom Fleck rühren konnte. Wie gebannt schaute er in die Höhe, und der klare Sternenhimmel schien ihm plötzlich wichtiger als sein Hunger. Zum zitternden Lämmchen aber sprach er: »Ich kann und darf dich nicht fressen, und ich will es auch nicht, jetzt wenigstens nicht. Renn los zu deiner Herde, bevor ich mir's anders überlege.«

Wuschel wußte nicht, wie ihm geschah. Das alles war so neu, so einmalig. Da rief der Wolf dem Lämmchen zu: »Hau ab, es ist besser für uns beide! Das ist eine heilige Stunde. Ich versteh zwar nicht recht, wieso, aber es muß schon etwas Besonderes sein, denn ich fühle mich plötzlich stark und kräftig und hab' keinen Hunger mehr, obwohl ich dich nicht gefressen habe. Es muß schon etwas Besonderes los sein.«

Wuschel atmete erleichtert auf. Dann lief er, so schnell er nur konnte, zur Herde zurück, und unterwegs dachte er: »Ach, die werden staunen und mich bewundern, wenn ich ihnen mein Erlebnis erzähle.«

Aber da hatte sich Wuschel geirrt. Ein viel größeres Erlebnis war der Herde während dieser Zeit zuteil geworden. Wuschel erfuhr es von Agathe, dem ältesten Schaf der Herde. Agathe erzählte: »Wir haben den Engel des Herrn gesehen, wie er zu den Hirten gesprochen hat. Das war ein so gewaltiges, ein so unsagbar mächtiges Licht, ein Licht, das gut war zu uns Tieren, das uns wärmte und uns glücklich machte für unser ganzes Leben.«

Wuschel ließ den Kopf hängen. Der ganze Stolz über seine Begegnung mit dem Wolf und den seltsamen Ausgang dieses Erlebnisses war verflogen. Das Lämmchen war auf einmal sehr traurig. Es flüster-

te: »Ich möchte den Engel auch sehen, ich möchte auch glücklich sein.«

Agathe schüttelte den Kopf: »Der wird nicht ein zweites Mal erscheinen.«

Wuschel dachte nach, dann ein Seufzer: »Ach, wäre ich doch bei euch geblieben. Ich werde jetzt nie mehr ausreißen, das verspreche ich.« Nun schluchzte er sogar herzzerbrechend und drückte seine lange feuchte Schafsnase in Agathes Fell.

Da kam der Schäfer, der im Hintergrund zugehört hatte, auf den kleinen Wuschel zu. Er nahm das Lämmlein in den Arm, kraulte ihm die weiße Wolle und sprach: »Heute, in der Heiligen Nacht, soll niemand traurig sein, auch du nicht. Weißt du was, wir Hirten gehen jetzt nach Bethlehem zu dem Kindlein, zu dem der Engel uns schickt. Dorthin nehmen wir dich mit. Von diesem Kindlein hat uns der Engel gesagt, es sei der Heiland der Welt, der uns heute geboren ist. Und er hat uns verkündet, dies werde für uns eine große Freude sein. Und das gilt auch dir, mein Wuschel.«

Wuschel hörte auf zu schluchzen und flüsterte dem Hirten ganz leise und schüchtern etwas ins Ohr. Der freute sich so darüber, daß er es gleich laut weitersagen mußte: »Es ist noch etwas Besonderes heute geschehen. Der Wuschel ist nicht mehr eitel. Er will dem Kindlein seine schöne weiße Wolle schenken.«

Da ging ein fröhliches Raunen durch die Herde. Hirte und Hirtenbub aber machten sich auf den Weg nach Bethlehem und nahmen das Lämmchen mit. Wuschel war nun wieder ganz fröhlich und stellte sich vor, wie die Mutter Maria einmal aus seiner Wolle ein feines, warmes, weißes Jäckchen für das seltsame Kindlein in der Krippe stricken würde.

Unterwegs trafen sie dann noch mehr Hirten. Die sangen:

»Kommet, ihr Hirten, ihr Männer und Frau'n,
kommet, das liebliche Kindlein zu schau'n.
Christus, der Herr, ist heute geboren,
den Gott zum Heiland euch hat erkoren.
Fürchtet euch nicht!«

Der Hirtenjunge und die Nachtigall

Sternenklar, aber bitterkalt war die Nacht, als die Hirten über die weiten Wiesen und Felder hinweg zum Stall von Bethlehem zogen. Der Hirtenjunge Joram hielt sich dicht hinter den Alten, damit ihm der eisige Wind nicht so ins Gesicht blies.

Doch plötzlich war es ihm, als würde er von irgendwoher gerufen. Joram blieb stehen und lauschte. Nichts war zu hören. Aber in seinem Herzen vernahm der Hirtenjunge die Stimme jetzt immer deutlicher. Sie rief nach Hilfe, irgendwo.

Gespannt horchte er tief in sich hinein und verlor dabei den Anschluß an die anderen.

Immer weiter entfernten sich die Hirten. Sie merkten nicht, daß der Junge fehlte. Viel zu sehr waren sie mit der Kälte und mit ihrem Ziel beschäftigt.

So war Joram bald allein auf dem weiten Feld, aber das störte ihn nicht. Joram war ein eigenartiger Junge. Er sprach lieber mit den Tieren als mit den Menschen. Alle Schafe kannte er beim Namen und wußte um ihre Eigenart. Und die Tiere liebten den Hirtenjungen. Manchmal, wenn die Herde unruhig war, nahm Joram seine Flöte und spielte. Dann kehrte wieder Ruhe ein bei der Herde. Die Schäfer wußten das zu schätzen, wenn sie auch manchmal den verträumten Jungen belächelten.

Es hätte wohl auch keiner der Schäfer verstanden, warum Joram so einfach zurückgeblieben war. Ein Glück, daß sie es noch nicht gemerkt hatten.

Aber der Hirtenjunge konnte nicht anders. Die Stimme in seinem Herzen war so dringend, so mächtig, daß er ihr folgen mußte. Langsam, wie im Traum, ging er auf das naheliegende Buschwerk zu. Und da auf einmal, da hörten auch seine Ohren eine feine Stimme. Es klang wie das klägliche Piepsen eines Vogels. Joram folgte dem zarten Ton, arbeitete sich durchs struppige Geäst. Da sah er auf dem harten Boden eine halberfrorene Nachtigall liegen. »Hast du mich gerufen, kleiner Vogel?« fragte er.

»Ich habe euch alle gerufen, aber nur du hast mich gehört«, sagte die Nachtigall.

Vorsichtig hob Joram den kleinen Vogel auf, barg ihn schützend und wärmend in den Händen und flüsterte: »Ich höre immer in die Weite, weißt du, die anderen haben so viel mit sich selbst zu tun.«

Dann streichelte er zart das Gefieder der Nachtigall, hauchte sie an, damit wieder etwas Leben in den kleinen Körper käme. Doch plötzlich hielt er erschrocken inne. Er sah, daß ein Flügel des Vogels gebrochen war. Und ein Vogel mit gebrochenem Flügel mitten im Winter, da war nichts mehr zu machen. Das wußte der Hirtenjunge.

Die Nachtigall schien seine Gedanken erraten zu haben. Ganz leise, aber flehentlich hauchte sie: »Ich weiß, daß ich nicht mehr fliegen kann; ich weiß, daß ich sterben muß. Dennoch kannst du mir helfen.« Joram war zum Weinen zumute. Die hilflose Kreatur tat ihm leid. »Wie denn, kleine Nachtigall, wie kann ich dir denn helfen?« fragte er, »ich will es gerne tun.«

Da nahm die Nachtigall ihre letzte Kraft zusammen und flüsterte: »Die anderen Vögel sind nach Bethlehem geflogen, um dem wundersamen Kind ihre Loblieder zu singen, dem Kind, von dem der Engel sprach, es sei der Heiland der Welt. Nur ich konnte nicht mit, weil mein Flügel gebrochen ist. Und nun soll ich sterben, ohne dieses Kind gesehen zu haben. Nimm mich mit nach Bethlehem, bitte, nimm mich mit.«

»Natürlich nehme ich dich mit«, versprach Joram, »wir wollen uns beeilen.« Vorsichtig legte er die Nachtigall in seinen Schäferhut, breitete noch sein Halstuch wärmend darüber und schritt dann wacker aus. Er wollte möglichst schnell in Bethlehem sein, damit die kranke Nachtigall nicht unterwegs stürbe. Erfüllt von seinem Versprechen fühlte Joram weder Wind noch Kälte und fand auch den kürzesten Weg.

Im Stall von Bethlehem herrschte Singen und Jubilieren. Hirtenflöten und Vogelstimmen mischten sich unter das Halleluja der Engel. Vorne bei der Krippe, in der das neugeborene Kind lag, stand das Lämmchen Wuschel und ließ sich das Fell scheren, ohne auch nur einmal zu zucken. Joram kniete andächtig hinter den anderen Hirten nieder. Alle brachten ihre Gaben: warme Wolle, Milch und Linnen. Als Joram an die Reihe kam, ging ein Leuchten über das Gesicht des Kindes, als ahne es, daß es hier sein erstes Wunder zu vollbringen habe. Der Hirtenjunge war befangen, als er den halbtoten Vogel vorsichtig aus seinem Hut nahm und auf die

Krippe legte. Das Kind aber schenkte ihm einen herzlichen, dankbaren Blick und streckte die Hände aus nach dem lebendigen Wesen, das zu ihm wollte. Kaum aber hatte es die Nachtigall mit seinen kleinen Händen berührt, da bewegte sie die Flügel, beide Flügel, als ob nie einer gebrochen gewesen wäre. Sie hüpfte auf die Hand des Kindes, dann schwang sie sich in die Höhe und sang. Aller Schmerz, alle Angst der vergangenen Stunden, aber auch alle Freude, die sie nun empfand, waren aus ihrem Lied zu hören. Schluchzende und jubilierende Töne mischten sich zu einem zauberhaften Gesang.

Alle schauten staunend auf. Joram aber war glücklich über seine Weihnachtsnachtigall. Er griff zur Flöte und spielte eine kleine Melodie. Die anderen Hirten nahmen sie mit ihren Flöten auf. Und dann sang Joram mit heller Stimme:

»Lieb Nachtigall, wach auf,
wach auf, du schönes Vögelein
auf jenem grünen Zweigelein,
wach hurtig auf, wach auf!
Dem Kindelein,
auserkoren,
heut' geboren,
fast erfroren,
sing, sing, sing
dem zarten Kindelein.«

Jessika und Rebekka

In einer halbverfallenen Hütte am Rande der Stadt Bethlehem wohnte die kleine Jessika mit ihrer Mutter, einer armen Witwe. Sie waren Fremde in dieser Gegend. Ein bitteres Schicksal hatte sie vor Jahren hier getroffen: Als eine Karawane, der sich Jessikas Vater angeschlossen hatte, auf dem Wege ins ferne Ägypten durch Bethlehem gezogen war, hatte er einen Herzschlag erlitten und war gestorben. Die Karawane war weitergezogen. Was war der Witwe mit ihrer kleinen Jessika anderes übriggeblieben, als sich in der Fremde einen Unterschlupf zu suchen?

Zu Anfang hatten sich Frauen und Männer von Bethlehem als mitleidig und hilfsbereit erwiesen. Doch das ließ mit der Zeit nach, und so zog bald bittere Armut in die kleine Hütte ein, die man der Mutter und ihrem Kind überlassen hatte. Mit dem kargen Erlös aus allerlei niedrigen Diensten ernährte die Witwe mühsam ihr Kind und sich.

Die kleine Jessika spürte von der Not zunächst kaum etwas. Eine alte Frau aus dem Dorf hatte ihr einmal eine Puppe, die Lilli, geschenkt. Mit dieser

Puppe spielte Jessika glücklich und zufrieden und mit einer Inbrunst, wie sie nur bescheidenen Kindern zu eigen ist.

Doch als Jessika älter wurde, geschah etwas, das ihre kleine heile Welt aus den Fugen brechen ließ: Unweit der Hütte stand ein schöner großer Bauernhof. Eines Tages entdeckte Jessika, daß es dort Kinder gab, Kinder, so alt wie sie, die miteinander spielten. »Oh, da möchte ich auch mitmachen«, dachte Jessika. Schüchtern ging sie in den Hof. Als die Kinder sie sahen, blieben sie wie erstarrt stehen. Rebekka aber, die älteste Tochter des Bauern, ging auf Jessika zu und rief: »Scher dich vom Hof, du hast hier nichts zu suchen!«

»Warum laßt ihr mich nicht mit euch spielen?« fragte Jessika kläglich.

»Weil wir so etwas Schlampiges nicht bei uns haben wollen!« erklärte Rebekka, »weil du eine Fremde bist. Du gehörst nicht zu uns.«

Traurig wandte sich Jessika ab. Aber immer wieder einmal schlich sie sich bis zum Hoftor und schaute von weitem dem Spiel der Kinder zu. Die aber lachten und spotteten nur über sie.

Doch dann geschah etwas zwischen der armen Jessika und der stolzen Rebekka, das niemand für möglich gehalten hätte. Es begann in jener Heiligen Nacht, in der der Himmel die Erde grüßte. Jessika wachte auf und sah das große Licht. Wie unter einem inneren Zwang stand sie auf, zog sich an und ging hinaus ins Freie. Die Puppe Lilli nahm sie mit.

Draußen traf Jessika die Hirten, die mit ihren Gaben zum Stall des Bauern wanderten. »Was ist denn heute los? Wo geht ihr hin?« fragte sie einen der Hirten. Der flüsterte ihr zu: »Ein Engel hat uns verkündet, daß der Erlöser heute geboren wurde. Er liegt da drüben im Stall als armseliges Kind. Deshalb bringen wir ihm unsere Gaben.«

Jessika horchte auf. Ein Kind in einem Stall? Das war wohl noch ärmer dran als sie in ihrer Hütte! Die Hirten taten gewiß gut dran, ihm etwas zu schenken. Jessika wollte dem Kind auch etwas bringen. Aber was? Was konnte sie schon verschenken? Ihre Puppe? Gewiß hatte das Kind noch keine Puppe... Jessika schaute ihre vom vielen Liebhaben schon etwas zerschlissene Lilli an. Sie sollte sie hergeben? Nein, das konnte sie nicht, Lilli war ihr Trost, ihr Spielkamerad in so mancher einsamen Stunde. Doch dann fiel ihr wieder das Kind im Stall ein, das der Erlöser der Welt sein sollte. Nun lag es da im Stall und hatte nichts, um damit zu spielen.

Jessika drückte Lilli fest an ihr Herz und flüsterte: »Ich bin jetzt groß. Vielleicht braucht das Kind im Stall dich künftig mehr als ich.« Dann eilte sie mit Tränen in den Augen zum Stall, schaute sich andächtig das Kind in der Krippe an und legte ihm ihre Lilli zu Füßen.

Maria, die Mutter des Kindes, sah wohl, was die Puppe Lilli für Jessika bedeutete. Sie strich ihr liebevoll übers Haar und sagte: »Danke, es ist eine wunderschöne Puppe, es ist ein Geschenk deines Herzens; wir wissen das zu schätzen.« Als sich Jessika später wieder auf den Heimweg machte, da war ihr plötzlich so leicht, so sicher zumute, daß sie fröhlich singend durch die Sternennacht tanzte.

Es sprach sich dann am nächsten Tag recht schnell herum: Die Jessika hat dem göttlichen Kind, dem Erlöser, ihre Puppe geschenkt. »Die alte Schlumpel«, lachte Rebekka verächtlich, »das dür-

fen wir nicht zulassen. Wenn das Kind eine Puppe haben soll, dann eine von uns.«

Sie suchte aus ihrem Spielzeug ein Puppenkind heraus – nicht ihre Lieblingspuppe, versteht sich, aber eine, die noch gut aussah. Damit ging sie zum Stall hinüber und überreichte Maria stolz das schöne Puppenkind. Die aber schüttelte den Kopf: »Wir haben schon eine Puppe, eine Puppe, an der viel Liebe und Herzenswärme hängt.«

Rebekka schaute die Frau überrascht an: »Aber ich wollte doch damit auch eine Freude machen.«

Maria lächelte: »Das kannst du immer noch. Sicherlich findest du ein anderes Kind, das glücklich ist, wenn du ihm deine Puppe schenkst.«

»Aber ... aber kein Gotteskind«, stotterte Rebekka.

»Jedes Kind kommt von Gott«, antwortete Maria. Dann glitt ihr Blick freundlich lächelnd zu einem Olivenbaum hinüber. Rebekka folgte dem Blick. Da sah sie an den Baum gelehnt Jessika in ihrem zerlumpten Kleid. Sie winkte zu Maria hinüber, und man sah ihr an, daß sie sehr glücklich war.

Rebekka gab es zunächst einen Stich – ausgerechnet Jessika! Doch dann geschah etwas Seltsames: Die Engel, die immer noch unsichtbar den Stall umschwebten, wischten von Rebekkas Augen die dunklen Schatten des Stolzes, und plötzlich sah sie Jessika anders. Nicht mehr ein zerlumptes Mädchen stand dort unter dem Olivenbaum, sondern

ein freundliches Menschenkind, das Liebe und Fröhlichkeit ausstrahlte. Wie im Traum ging Rebekka zum Olivenbaum hinüber, umarmte die überraschte Jessika und drückte ihr die Puppe in den Arm: »Da, die ist für dich.« Dann nahm sie Jessika an der Hand und sagte: »Komm, wir wollen miteinander spielen!«

Jessika liefen vor Glück die Tränen über die Wangen. Dankbar blickte sie zum Stall und zur Krippe hinüber, denn in ihrem kindlichen Gemüt ahnte sie, daß von dorther Rebekkas Wandlung gekommen war.

So hat in einem lichten Moment und durch eine geheime Führung eine tiefe Freundschaft ihren Anfang genommen, die ein Leben lang hielt und über der stets ein strahlender Stern stand. Auch die anderen Mädchen und Jungen respektierten Rebekkas neue Freundin, und Jessika war nun nicht mehr die Fremde.

Die Vision

Ein schlechtes Gewissen hatten sie schon, die Bäuerin Ruth und der Bauer Jakob, als sie erfuhren, daß in ihrem Stall der Erlöser der Welt geboren worden war, zu dem nun immer mehr Menschen pilgerten. Ja, wenn man das vorher gewußt hätte! Natürlich wäre da noch eine Kammer leer gewesen, und in die große Stube hätten sie schließlich auch ein Bett stellen können. Aber sie hatten ihre Ruhe haben wollen im eigenen Haus. Vor allem die schwangere Frau hatte sie gestört.

Der Bauer war ja im allgemeinen gutherzig, aber seine Ruhe, die ging ihm über alles. Das wußte Ruth, und deshalb hatte sie auch nichts gesagt, als ihr Mann die Fremden in den Stall wies. Zwar wollte danach in dieser Nacht immer wieder das Mitleid in ihr hochsteigen, aber es war nicht stark genug, als daß es sie zu einer Tat angespornt hätte.

Unter diesem Versäumnis litt Ruth jetzt, und sie spürte, daß es ihrem Mann nicht anders ging. Mißmutig wanderte sie durchs Haus. Dabei streifte ihr Blick den Oleanderstock, den sie vor dem Frost hereingenommen hatte und treulich pflegte. Doch auch dieser Stock ärgerte sie. Er verlor immer mehr Blätter, und die Knospen sahen aus, als ob sie verdorren wollten. Sie hatte eben kein Glück.

Und wieder mußte Ruth an die Frau und das Kind in der Krippe denken. Selbstvorwürfe peinigten sie. Was konnte sie noch tun? Wie das Versäumte wiedergutmachen? Ruth schämte sich vor sich selbst. Schließlich stellte sie ihren Mann: »Du machst dir doch auch Vorwürfe, daß wir die beiden nicht hier ins Haus aufgenommen haben; ich weiß es.«

Jakob senkte den Kopf: »Ja, Ruth, du hast recht, ich mache mir Vorwürfe. Ich war auch schon drüben im Stall und wollte die drei herüberholen. Aber der Mann hat mich abgewiesen. Sie wollten im Stall bleiben, sagte er.«

»Und dann ..., was hast du dann getan?« fragte Ruth.

»Ich habe ihnen einige Schafe aus meiner Herde angeboten. Aber auch die wollten sie nicht«, antwortete Jakob.

Ruth überlegte, dann meinte sie: »Sicher sind sie böse mit uns. Ich werde hinübergehen zu der Frau und sie um Entschuldigung bitten und ihr auch etwas frische Milch bringen.«

»Da tust du recht«, meinte Jakob.

Ruth holte einen Krug mit frischer Milch, dann ging sie zum Stall hinüber. Der Weg vom Haus zum Stall schien ihr so weit wie noch nie. Als sie aber vor Maria und dem Kind stand, wich langsam die Bedrückung von ihr. Maria nahm herzlich dankend die Milch entgegen, und auch Josef, ihr Mann, nickte Ruth freundlich zu. Nein, die beiden schienen Jakob und ihr nicht gram zu sein.

Ruth schaute andächtig in die Krippe. Da hatte sie plötzlich eine eigenartige Vision. Sie sah das

Kind, den Erlöser, nur schattenhaft, aber doch deutlich genug, als erwachsenen Mann. Er schaute sie eindringlich an, und es schien ihr, als ob er leise zu ihr spräche: »Was ihr für einen meiner geringsten Brüder getan habt, das habt ihr mir getan.«

Das alles hatte nur Sekunden gedauert, doch es war für Ruth ein gewaltiges Erlebnis. Sie dachte lange über die Worte nach, bis sie hinter den Sinn kam. Und dann... ein freudiges Erschauern durchfuhr sie. Ja, sie wollte anderen Menschen helfen. Dankbar küßte sie Maria auf die Stirn und eilte zum Hause zurück.

Jakob stand vor der Türe und sah seiner Frau entgegen. Er wunderte sich über das Strahlen in ihrem Gesicht. Was war nur in sie gefahren? Sie war doch vorher so bedrückt gewesen! Ruth umarmte ihren Mann innig, dann sagte sie mit Tränen in den Augen: »Jakob, ich habe das Kind in der Krippe gesehen; ich habe viel mehr noch gesehen. Es war wie eine Vision, ja wie eine Mahnung. Jakob, laß uns Menschen suchen, die in Not sind, damit wir ihnen helfen. Ich glaube, das tut nicht nur ihnen, sondern auch uns gut.«

Jakob sann über die seltsamen Worte seiner Frau nach. Dann nickte er, und ein heller Schein leuchtete auch auf seinem Gesicht. »Du hast gewiß recht«, wandte er sich nun an seine Frau, »aber wie und wo sollen wir damit anfangen? Soll ich vielleicht dem alten Aaron ein paar von meinen Schafen abgeben? Die paar, die er hat, können ihn kaum ernähren.«

»Das ist eine gute Idee«, sagte Ruth. Dann überlegte auch sie. Die leere Kammer, wenn sie die ein wenig ausschmückte, dann gäbe das wohl ein warmes Heim für die fremde Witwe mit ihrer kleinen Tochter Jessika, die in der alten Hütte draußen vor dem Hof hausten. Kaum hatte sie das gedacht, da sah sie ihre Tochter Rebekka Hand in Hand mit der kleinen Jessika in den Hof kommen.

Die Bäuerin winkte den beiden zu. Sie betrachtete Jessika in ihrem dünnen Mäntelchen und meinte: »Darin frierst du doch sicher. Komm, ich geb' dir etwas Warmes von Rebekka. Ihr seid etwa gleich groß.«

Als Jessika neu eingekleidet war, ging Ruth daran, die Kammer einzurichten. Die Mädchen halfen ihr dabei.

»Wer soll denn darin wohnen?« fragte Rebekka.

»Deine Freundin Jessika und ihre Mutter«, antwortete Ruth, und an Jessika gewandt: »Geh schon, Kind, und hole deine Mutter herüber und sag' ihr, sie braucht nichts mitzunehmen. Ihr bekommt hier von uns, was ihr braucht.«

Rebekka fiel ihrer Mutter glücklich um den Hals. Jessika aber konnte diese Wandlung auf dem Bauernhof noch gar nicht recht fassen. Verlegen stotterte sie ein »Dankeschön«. Dann rannte sie hinüber zur Hütte, um ihre Mutter zu holen.

Jessika und ihre Mutter lebten sich schnell auf dem Bauernhof ein. Auch störte es den Bauern nicht, daß nun fremde Leute in seinem Haus waren. Im Gegenteil: Die neuen Mitbewohner brachten eine Fröhlichkeit ins Haus, die Ruth und Jakob vorher nicht gekannt hatten und die ihnen guttat. Außerdem faßte Jessikas Mutter da und dort so geschickt mit an, daß die Bäuerin ihre Hilfe nicht mehr missen mochte. Und da war noch etwas Seltsames: Der halbvertrocknete Oleanderstock hatte Blüten und neue grüne Blätter bekommen. Spürte auch er die Herzenswärme, die jetzt den Bauernhof erfüllte? Ruth sah darin ein Zeichen, und sie nahm sich vor, auch künftig offen zu sein für die Not anderer Menschen.

Im Wurzelwerk des Ölbaums

Sie hockten beieinander unter den Wurzeln eines alten Ölbaums und starrten traurig vor sich hin: der Gnomenälteste, der Zwergenkönig und der Stammvater der Wurzelgeister. Obwohl ihr Wirken in der Natur überall sichtbar war, dachten die Menschen nicht an sie, nahmen alles, was da im geheimen geschah, als selbstverständlich hin. Dabei legten die Naturwesen doch so großen Wert auf das Verständnis der Menschen und auf Kontakt mit ihnen.

»Nur, wenn sie um uns wissen, werden sie die Schätze der Erde nicht rücksichtslos ausbeuten«, sagte der Gnomenälteste.

»Nur, wenn sie um uns wissen, werden sie die in der Tiefe ruhenden Kräfte nicht zu Gewalt mißbrauchen«, meinte der Zwergenkönig.

Dem Stammvater der Wurzelgeister entrang sich ein schwerer Seufzer: »Wenn sie nicht um uns und unser Wirken wissen, werden sie eines Tages die Natur und damit auch uns vernichten, weil sie das geheime Leben nicht kennen und weil ihnen die Achtung davor verlorengegangen ist.«

»Was ist das nur für eine seltsame, unüberwindliche Trennwand, die sich zwischen uns und den Menschen hinzieht?« fragten sich die Naturwesen. »Warum nur ist das so, obwohl wir doch in und auf ein und derselben Erde leben?«

Es folgte ein langes Schweigen. Dann nahm der Gnomenälteste das Gespräch wieder auf: »Ich glaube nicht, daß es eine Wand ist, die uns von den Menschen trennt. Ich glaube, es ist nur etwas wie ein Schleier, der uns vor ihnen verbirgt. Jemand müßte kommen und diesen Schleier wegziehen. Aber wer könnte das sein?«

Der Zwergenkönig schüttelte den Kopf: »Meinst du vielleicht, das wäre gut, wenn dieser Schleier wegfiele? Würden uns dann die Menschen nicht streng in ihren Dienst zu nehmen versuchen, so wie sie es mit vielen Tieren tun?«

Der Stammvater der Wurzelgeister lächelte: »Sie nehmen uns ja schon in ihren Dienst, nur wissen sie es nicht. Aber wenn ich mir's recht überlege, komme ich auch zu der Ansicht, daß es besser ist, wenn dieser Schleier bleibt – wenigstens für die meisten Menschen.«

»Du meinst, daß es Ausnahmen geben sollte?« fragte der Zwergenkönig.

Der alte Stammvater nickte: »Wenn es Menschen gäbe, die uns sehen und hören könnten, gute Menschen, die uns nicht ausnützen und in ihren Dienst zwingen, dann könnten diese Menschen den anderen von uns erzählen, ihnen eine Ahnung von unserem Wirken geben ...«

Der Gnom wiegte den Kopf hin und her: »Das ist ein schöner Traum, aber es wird wohl ein Traum bleiben.« Die anderen nickten.

Dann wurde es wieder stille im Wurzelwerk des Ölbaums.

Etwa zur selben Zeit ging der blinde Amos von seiner Hütte auf den alten Ölbaum zu. Es war eine kalte Nacht, aber trotzdem wollte Amos Luft schnappen und seine bitteren Gedanken dem frischen Wind aussetzen. Vorsichtig tastete er sich mit dem Stock an den Steinen entlang zum Ölbaum hinüber. Er kannte den Pfad genau, denn im Sommer hatte er im Schatten des alten Ölbaums seinen Lieblingsplatz gefunden. Irgendwie schien ihm dieser Baum Ruhe und Kraft zu geben. Dort legte sich immer wieder der Hader mit einem Schicksal, das Amos so hart getroffen hatte. Nicht immer war er blind gewesen. Er hatte die Welt noch gesehen, hatte gekostet von den Schönheiten der Natur und sich an ihnen gefreut. Dann war die grausame Krankheit gekommen, die ihn in die Dunkelheit warf, ihn an vielen Dingen des täglichen Lebens nicht mehr teilhaben ließ und immer einsamer machte. Ja, wenn er das vorher nicht alles gesehen hätte!

Amos konnte und wollte sich nicht mit seinem Schicksal abfinden, und immer wieder kam Bitterkeit in ihm auf. So auch in dieser Nacht. Und doch, irgend etwas war heute anders. Die Sterne? Der Blinde konnte sie zwar nicht sehen, aber er fühlte, wie ihr Glanz in sein Herz drang. Amos atmete tief und sog die Nachtluft ein wie eine Gabe aus einer anderen Welt.

Schließlich hatte er den alten Ölbaum erreicht und lehnte sich an den breiten Stamm. Dabei spürte er die ursprüngliche Kraft, die aus der Rinde drang. »Früher habe ich das nicht gefühlt«, gestand sich der Blinde ein, »früher, als ich noch sehend war, achtete ich nicht auf solche Kräfte.« Seltsam berührt strich er mit den Händen zärtlich, fast liebkosend über den alten Stamm. Dann wandte er sein Gesicht dem Himmel zu.

Plötzlich sah Amos für einen Augenblick einen Stern, der dort oben hell aufleuchtete. Und er wußte ganz genau, daß sich mit diesem Stern am Himmel ein besonderes Geschehen auf der Erde ankündigte. Es war ein kurzer Lichtblick für seine Augen und für seine Seele, dann wurde es wieder dunkel um ihn.

Amos seufzte. »Der Stern, das Licht, das sich soeben der Erde geschenkt hat und von dem ich einen Strahl erleben durfte, ist doch nur für die anderen bestimmt. Mir wird es wohl nichts bringen«, dachte er.

Da auf einmal – nein, das konnte doch nicht sein! –, da zog sich vor seinen Augen ein graublauer Schleier hin, der immer dünner und durchsichtiger wurde. Und durch diesen Schleier blickte der blinde Mann plötzlich in eine andere Welt. Die Erde, auf der er stand, war durchsichtig geworden. Drunten im Wurzelwerk des Ölbaums erkannte er drei seltsame Gestalten, die ihn mit großen Augen anblickten.

»Wer seid ihr?« fragte Amos.

Die Gestalten machten freudig überraschte Bewegungen, und leise, es war fast wie ein eigenes Gedankengespräch, hörte Amos sie zurückfragen: »Du kannst uns wirklich sehen?«

»Ja«, antwortete der Blinde, »ja, ich kann euch sehen. Ich schaue durch die Erde hindurch ins Wurzelwerk des Ölbaums. Dort sitzt ihr. Wer seid ihr nur, daß ich euch sehen kann, obwohl ich blind bin?«

Da erhoben sich die drei Gestalten von den Wurzeln des Ölbaums und stiegen durch die Erde hinauf zu dem Menschen, den sie sich zum Freund machen wollten. Und als sie vor Amos standen, machten sie sich ihm bekannt.

»Ich bin der Gnomenälteste. Meine Gnome formen und hüten die Schätze der Erde«, sagte der eine.

»Und ich bin der Zwergenkönig. Meine Zwerge halten und bewahren die unfaßbaren Kräfte, die in der Erde ruhen«, erklärte der andere.

Der dritte jedoch meinte: »Mein Wirken kennst du schon. Ich bin der Stammvater der Wurzelgeister, die auf der Erde alle Pflanzen zum Wachsen und Blühen bringen.«

Amos nickte: »Ja, das Wirken deiner Wurzelgeister habe ich kennengelernt, als ich noch sehend war. Schönes haben sie geschaffen und tun es wohl immer noch, Blumen und Bäume – ich erinnere mich. Jetzt bin ich leider blind...«

»Blind bist du nur in der Welt der Menschen; für unsere Welt bist du sehend geworden, und wir sind sehr froh darüber«, bemerkte der Zwergenkönig.

»Es muß wohl auf der Erde etwas Besonderes geschehen sein, daß dies möglich war«, meinte der Gnom.

»Ja, es muß etwas Besonderes geschehen sein«, bestätigte der Blinde, »ich habe es gefühlt, als ich plötzlich für einen Moment einen hellen Stern am Himmel sah.«

»Jedenfalls ist mit diesem Stern Licht in unsere Welt gekommen. Ein Licht, das uns für dich sichtbar macht«, meinte der Zwergenkönig.

Der Blinde sann den Worten nach, dann sagte er leise: »Auch in mein Leben ist Licht gekommen. Wenn ich schon die Welt, in der wir Menschen leben, nicht mehr sehen kann, so erkenne ich jetzt doch die eure.«

»Das ist mehr, als du heute ahnst«, erklärte der Stammvater der Wurzelgeister, »du wirst bald das Wachsen der Pflanzen miterleben, wirst sehen, wie meine Wurzelgeister das Sonnenlicht zu feinen Fäden spinnen und daraus die Gewänder der Blumen weben. Du wirst die Naturwesenheiten in und über der Erde wirken sehen und mit eintauchen in die Welt der geheimen Kräfte.«

Amos strahlte: »Oh, darauf freue ich mich schon!«

Da trat der Zwergenkönig vor ihn hin und sprach: »Wir werden dir alles zeigen und dich

sicher führen, aber wir haben auch eine Bitte an dich. Erzähle den Menschen, die uns nicht sehen, nicht hören, ja nicht einmal ahnen können, erzähle ihnen von uns. Nur wenn die Menschen von uns wissen, werden sie die Erde nicht rücksichtslos ausbeuten, werden sie die in der Tiefe ruhenden Kräfte nicht zu Gewalt mißbrauchen und die Natur nicht zerstören. Erzähle den Menschen von uns, damit sie Achtung bekommen vor dem Lebendigen, das unsichtbar um sie wirkt und webt.«

»Das will ich gerne tun«, versprach Amos.

Inzwischen hatte sich der Gnom von den anderen abgesondert, auf die Wiese gesetzt und zum Himmel hinaufgeblickt. Jetzt kam er langsam zurück. »Der helle Stern ist immer noch da!« rief er,

»und er sendet ein eigenartiges, ein wunderbares Licht aus. Ich glaube, es ist das Licht, auf das wir schon lange warten, das Licht, das unsere alte Erde einmal durchleuchten und strahlend machen soll. Ich glaube, heute hat der Himmel die Erde zum erstenmal gegrüßt.«

Noch lange saßen sie beisammen in dieser Nacht: der blinde Amos, der Gnomenälteste, der Zwergenkönig und der Stammvater der Wurzelgeister. Und sie versprachen sich gegenseitig, einander zu helfen und zu achten.

In der folgenden Zeit hatte Amos wundersame Erlebnisse mit den Naturwesen, und er erzählte den Menschen davon, auf daß sie Achtung bekämen vor dem unsichtbaren Leben, das um sie herum wirkt und webt. Nicht alle Menschen wollten

dem Blinden glauben, der ein Sehender geworden war. Aber die auf ihn hörten, begriffen bald selbst etwas von den sie umgebenden geheimnisvollen Kräften, hatten Achtung vor ihnen und waren dankbar für das überreiche Geschenk, das ihnen die Naturwesenheiten in jedem Frühling neu machten. Und aus dieser Achtung und Dankbarkeit erwuchs jenen Menschen eine große Freude.

Balthasar

Balthasar, der alte Weise, saß vor seinem Landhaus und lauschte. Eine seltsame Nacht offenbarte sich ihm heute. Aus der Erde drang ein leises Beben, kein Erdbeben, nein. Nichts, rein gar nichts bewegte sich dabei. Es war ein Beben geistiger Art. Der alte Weise spürte, daß die Erde voll Spannung auf ein Ereignis wartete, das demnächst eintreten würde. Es mußte wohl ein überirdisch großes, ein kosmisches Ereignis sein, denn in einer solchen aus der Tiefe kommenden Erwartung hatte Balthasar die Erde noch nie erlebt. Und der alte Weise kannte die Erde und ihre Regungen. Oft hatte er in sie hineingehorcht, hatte Bekanntschaft gemacht mit den Gnomen und Zwergen, den Wurzelgeistern, die ihm so manches Geheimnis vom Werden und Vergehen, von der ständigen Wandlung und vom Verharren im Gestein anvertraut hatten. Von ihnen wußte er um die kostbaren Schätze, die in der Tiefe schlummern, von den unsagbaren Kräften, die dort verborgen liegen. Es war dabei nicht nur von Gold, Silber und Edelstein die Rede, sondern von ganz anderen, geistigen Kräften. Wenn Balthasar dann in

seinem Studierzimmer darüber nachdachte, dann wurde ihm klar, welche Hilfe und welche Gefahr diese Kräfte für die Menschen einmal bedeuten könnten. Er hatte hin und her überlegt, ob er dieses Wissen für sich behalten oder an andere Menschen weitergeben sollte. Schließlich war er zu der Überzeugung gekommen, daß die Menschheit noch nicht reif war für ein solches Wissen. Würde sie es wohl je werden?

Auch in dieser seltsamen Nacht dachte Balthasar darüber nach. Die Kräfte der Erde mit dem Geist der Menschen zum Guten vereinen – wenn das einmal gelänge!

Wie in einer stillen Bitte blickte er zum Himmel hinauf. Da entdeckte er etwas Eigenartiges. Drei helle Sterne bewegten sich langsam aufeinander zu und schienen dabei immer heller zu werden. Was gab das? Stießen sie zusammen? Drohte da eine Gefahr? Verhielt sich die Erde deshalb so erwartungsvoll? Sollte sich da etwa ein großes Ereignis ankündigen? – Jetzt waren sie sich schon ganz nah, die drei Sterne, und da ... plötzlich flossen sie zusammen, bildeten einen großen, hell strahlenden Stern, der nun wie ein leuchtendes Zeichen am Himmel stand.

In diesem Augenblick fingen alle Sterne an zu singen. Ihre Sphärenklänge fielen wie ein erlösender Regen auf die fiebernde Erde, und es war, als ob sie von ihr durstig und beglückt aufgesogen würden. Ein kosmisches Ereignis!

Balthasar fiel erschauernd auf die Knie. Lange Zeit verharrte er so unbeweglich und nahm die Sphärenklänge der Sterne in sich auf, den Blick auf den neuen Stern gerichtet. Dann erhob er sich langsam, ging ins Haus und holte das alte Buch der Weisheit hervor. Dort hatte er einst von einem solchen Ereignis gelesen, das einmal kommen und eine besondere Bedeutung haben würde. Balthasar fand in dem alten Buch bald schon die Stelle wieder, nach der er suchte. Voll Erregung las er: »Ein Wesen ist auf dem Weg zur Erde, das dort Mensch wird und der Welt die Erlösung bringen soll. Folgt seinem Stern. Er wird euch führen, damit ihr diesem göttlichen Wesen huldigen könnt.«

Der alte Weise zögerte nicht. Er packte nur das

Wichtigste an Reiseproviant zusammen und machte sich gleich auf den Weg. Kaum war er jedoch ein paar Schritte gegangen, hielt ihn eine magische Kraft zurück. Zunächst fiel ihm nur das Gehen schwer, dann aber hafteten seine Füße an der Erde, als ob sie dort festgeklebt seien.

»Was geht hier vor?« rief Balthasar verärgert. Da sah er Terrus, den Gnom, vor sich aus der Erde steigen. In den Händen hielt er ein Kästchen voll schimmernder Goldbrocken. Das überreichte er Balthasar und sprach: »Das göttliche Wesen, das sich jetzt herniedersenkt, kommt nicht allein zu euch Menschen. Es ist der ganzen Erde, dem ganzen Kosmos geschenkt worden. Die Sterne besingen es, die Erde erwartet es. Doch nur ihr Menschen könnt zu ihm gehen. Alle Sterne sind ans Firmament, wir Geister an unseren Erdenplatz ge-

bunden. Nimm von uns einen Gruß mit zu diesem Wesen, bring ihm das Gold aus der Erde Tiefe, bring es ihm als Zeichen des Goldes der Weisheit, das wir zu seinen Füßen legen.«

Nach diesen Worten gab der Gnom Terrus Balthasar den Weg frei und verschwand wieder in der Tiefe der Erde. Der alte Weise schritt wacker aus, das Kästchen mit dem Gold sorgsam verwahrend, wußte er doch, daß es ein kostbares Geschenk der alten Mutter Erde war.

Der Stern aber wies ihm den Weg.

Melchior

Der junge Gelehrte und Astrologe Melchior saß über seinen Büchern, rechnete und grübelte. Immer wieder zeichnete er den Lauf der Gestirne auf. Da waren drei seltsame Sterne im Umlauf, Sterne, die er vorher noch nie beobachtet hatte und von denen er auch nichts wußte. Irgendwie paßten sie nicht in seine streng mathematischen Berechnungen, und doch fügten sie sich wiederum harmonisch in den gesamten Kosmos mit seinen Zahlen und Figuren ein. Die drei Sterne schienen aufeinander zuzuwandern. Seit Monaten beobachtete Melchior mit dem Fernrohr dieses seltsame Himmelsschauspiel. Seinen Berechnungen nach mußten die

drei Sterne heute zusammentreffen. Würden sie zusammenstoßen? Auf die Erde fallen? Das wäre nicht auszudenken!

Auf jeden Fall wollte sie der Wissenschaftler im Auge behalten. Er klappte sein Buch zu, legte die Berechnungen beiseite und stieg auf die Plattform des Turmes, auf dem er sein Himmelsfernrohr aufgestellt hatte.

Droben umgab ihn eine eigenartige Stille. Es war, als ob das ganze Weltall den Atem anhielte. Gebannt schaute er auf die drei neuen Sterne. Das Fernrohr brauchte er jetzt nicht mehr. Der klare Sternenhimmel bot den bloßen Augen ein großartiges Bild. Die drei Sterne wanderten schnell und immer schneller werdend aufeinander zu. Was würde gleich passieren? –

Da, auf einmal vereinigten sie sich zu einem neuen strahlenden Stern. »Was hat das zu bedeuten?« dachte Melchior. So etwas war nirgends in seinen Büchern verzeichnet. Und noch etwas Seltsames geschah. Es war Melchior, als ob alle Sterne Lichtzeichen gäben, als ob immer wieder ein anderer Stern hell aufleuchtete bis hin zu dem neuen Stern. Dies wiederholte sich in regelmäßigen Abständen mit mathematischer Genauigkeit.

Melchior war fasziniert. »Wollen uns die Sterne eine Botschaft übermitteln?« dachte er und hatte gleich den Wunsch, diese Botschaft zu entziffern. Doch dann kamen ihm wieder Zweifel. Botschaften der Sterne, gab es das?

Die Leuchtzeichen am Himmel wiederholten sich ständig im gleichen Rhythmus. »Ich will es versuchen«, entschied sich Melchior. Und da der erfahrene Astrologe fast jeden Stern kannte, notierte er die Namen der aufleuchtenden Sterne der Reihe nach. Daraus ergab sich schließlich ein seltsamer Spruch: »Göttliches Kind geboren. Folget dem Stern.«

Melchior stand staunend und ergriffen. Die Sterne hatten ihm tatsächlich eine Botschaft übermittelt. Aus einem unbekannten inneren Wunsch heraus, verbunden mit einer Portion Neugier, entschloß er sich, dem neuen Stern zu folgen und das göttliche Kind aufzusuchen.

Kaum aber hatte er diesen Gedanken gefaßt, da war er umgeben von einem gewaltigen Rauschen. Und dann stand er vor ihm, groß und gewaltig, mit mächtigen Schwingen: Ariel, der Geist der Lüfte, und um ihn scharten sich kleine, durchsichtige, luftige Geistwesen mit teils strengen und ernsten, teils heiteren Gesichtern. Sie alle umschwebten und umschwirrten Melchior mit einer Geschwindigkeit und Gesprächigkeit, daß dem Astrologen fast schwindelig wurde. »Wer seid ihr?« rief er bestürzt.

Ariel gebot Ruhe. Da ließen sich die kleinen unruhigen und gesprächigen Geister auf dem Rand des Turmes nieder. Der Luftgeist aber sprach: »Du kennst sie alle, die Geister hier. Es sind deine eigenen Gedanken. Und ich bin Ariel, der Geist der Lüfte, der auch die Gedanken der Menschen

um die Erde trägt. Denn merke dir, nichts, was du denkst, geht verloren.«

Melchior war bleich geworden. Erschrocken fragte er: »Was wollen sie von mir, meine Gedanken?«

Da sprach Ariel: »Sie werden dich begleiten, wenn du dem Stern nachwanderst. Sie haben dich schon immer begleitet, nur hast du nichts davon geahnt. Jetzt aber, auf dem Weg zum göttlichen Kind, werden deine Gedanken dir bewußt und sie werden spürbar mit dir ziehen.«

Dann überreichte er dem etwas verwirrten Gelehrten eine kleine Dose: »Nimm sie mit und bring sie dem göttlichen Kind. Weihrauch ist darin, ein wohlriechendes Räuchermittel, das in den Tempeln vieler Länder verwendet wird. Die Menschen wollen damit Dämonen vertreiben und gute Geister anziehen. Dämonen und gute Geister, die sie durch ihre Gedanken zuerst geschaffen haben, wollen sie mit Räuchermitteln wieder vertreiben oder anziehen. So leichtgläubig seid ihr Menschen!«

Melchior, der sich wieder ein wenig gefaßt hatte, fragte: »Und warum soll ich dem göttlichen Kind Weihrauch bringen, wenn der Duft doch keine bösen Geister verjagen und keine guten anziehen kann?«

Der Luftgeist lächelte: »Bring es ihm als Geschenk der Geister der Lüfte, der Geister der Gedankenwelt. Es soll ein Zeichen unserer Dankbarkeit sein, denn wir wissen, daß dieses göttliche Wesen einmal viele gute Gedanken in die Welt bringen und viele böse Gedanken vertreiben wird.«

Damit verschwand der mächtige Luftgeist, und auf der Plattform des Turmes war es wieder still. Auch die Gedankengeister waren nicht mehr zu sehen, aber Melchior wußte jetzt, daß sie ihn ständig umschwirrten, und er hütete sein Herz vor bösen Gedanken.

Schnell packte er noch das Nötigste zusammen, sattelte sein Kamel und machte sich auf die Reise, das wohlriechende Geschenk der Gedanken- und Luftgeister sorgsam bewahrend.

Der Stern aber wies ihm den Weg.

Caspar

Am Flußufer hockte Caspar, der schwarze Medizinmann und Magier. Er starrte in die Fluten und beobachtete die Sterne, die sich dort spiegelten und durch die Bewegungen des Wassers einen eigenartigen Tanz vollführten. Caspar liebte den Fluß. Er kannte seine Tiefen und Stromschnellen und auch all die Tiere und Wesen, die in ihm wohnten. Im Laufe der vielen Jahre hatte sich Caspar bemüht, die Eigenarten des Flusses zu erkennen und zu begreifen. In der Tiefe des Flusses lebte ein uralter Wassermann. Auch mit ihm war der Magier in Verbindung gekommen. Es hatte zwar lange gedauert, aber dann war der Wassermann sein Freund geworden. Durch ihn hatte er von der heilenden Kraft des Wassers erfahren und konnte nun dieses Wissen als Medizinmann seinem Stamm weitergeben.

Es war die Achtung vor der Schöpfung, die Caspar zum Vertrauten der Naturgeister werden ließ. Sie sprachen mit ihm wie mit ihresgleichen und vertrauten ihm die Geheimnisse der heilsamen, aber auch der giftigen Pflanzen an.

In dieser Nacht, als er sinnend am Fluß saß, war Caspar fasziniert von den tanzenden Spiegelbildern der Sterne im Wasser. Erregt deutete er auf die flimmernden Lichtpunkte und sagte zum Wassermann, der wieder einmal zu ihm aufgetaucht war: »Schau sie dir an, sie tanzen heute besonders schön.«

Der Wassermann lachte und meinte: »Es ist das Wasser, das sie bewegt.«

Aber Caspar wußte es besser. Er fühlte, daß heute mit den Sternen etwas noch nie Dagewesenes

geschehen würde. Langsam hob er das Gesicht dem Himmel zu, und da sah er sie, die drei aufeinander zuwandernden hellen Sterne. Was würde das geben?

»Wohl ein seltsames Ereignis am gestirnten Himmel«, meinte der Wassermann. Caspar schüttelte den Kopf: »Nein, das bedeutet mehr. Das ist ein Geschenk des Himmels an die Erde. Ich spüre es, ich ahne es...«

Aber als die drei Sterne dann dicht beisammen waren, da duckte sich der Magier und Medizinmann doch ängstlich ins Gebüsch, denn er hatte Angst vor dem, was jetzt wohl geschehen würde. Nur durchs Blätterdach wagte er einen Blick zum Himmel. Doch nichts Gefährliches, Bedrohliches geschah, sondern auf einmal stand da oben am Himmel ein neuer heller Stern, so hell, wie Caspar noch nie einen gesehen hatte.

Caspar verharrte zunächst staunend und reglos im Gebüsch.

Tausend Gedanken flogen ihm durch den Kopf. »So oben, so unten«, diesen Spruch kannte er als Magier. Wenn da oben am Himmelszelt etwas Wunderbares geschah, dann würde sich bald auch auf der Erde etwas Einmaliges ereignen.

Caspar sprang aus dem Gebüsch, streckte die Arme gen Himmel und rief in die Stille der Natur hinein: »Der Himmel hat uns ein Licht geschickt, der Himmel hat uns ein Licht geschickt!«

Da raunte und wisperte es im Wald hinter ihm,

als ob dort alle Tiere und Naturwesen erwacht seien. Eine seltsame Musik erklang. Der Wassermann, der vor dem Zusammentreffen der Sterne erschrocken in der Tiefe des Flusses verschwunden war, tauchte wieder auf und brachte Nixen und Sylphen mit. Die trieben Wellen im Wasser, so daß die sich darin spiegelnden Sterne munter tanzten. Auch der neue Stern tanzte mit.

Caspar sah es, und nun begann auch er zu tanzen, immer fröhlicher, immer schneller, immer selbstvergessener. Bald wußte er nicht mehr, ob es die Sterne im Fluß oder die Sterne am Himmel waren, die sich mit ihm drehten. In der Ekstase des Tanzes aber hörte er eine ihm unbekannte Stimme sagen: »Das Licht der Welt wird in einem Kind geboren werden. Mache dich auf zu ihm, folge dem Stern.«

Langsam ließ Caspar seinen Tanz ausklingen. Als Magier wußte er um die Wichtigkeit solcher Stimmen. Dann schaute er sich um im Kreis der Naturgeister: »Was bringen wir ihm, dem Licht der Welt? Wißt ihr ein Geschenk? Was gebt ihr mir mit?«

Zunächst herrschte betroffene Stille, dann raunte es aus dem Wald und aus den Wassern des Flusses einstimmig: »Myrrhe... Myrrhe... Myrrhe...«

Caspar nahm eine Kokosschale und ging zum Balsambaum hinüber. Mit Hilfe der Sylphen und Wurzelmännchen schüttete der alte Steppenbaum gelbe und braune Harzkügelchen, die kostbare Myrrhe, in das Gefäß. Dankbar nahm es Caspar an. Dann suchte er seinen Esel, und ohne zu zögern ritt er dem unbekannten und ihm doch so deutlich vor der Seele stehenden Ziel entgegen.

Der Stern aber wies ihm den Weg.

Die drei Könige

Wie eine große Kuppel spannte sich das Sternenzelt über die Oase in der Wüste. Der Wind strich lind über die Palmenkronen, und in der großen rechteckigen Karawanserei plätscherte der Brunnen im hellen Vollmondlicht. Es war, als ob die Wassergeister jubilierend in seinem aufstrebenden Strahl hin und her tanzten, auf und nieder, auf und nieder.

Aus der Weite der Wüste kamen zwei einsame Wanderer auf die Oase zu, jeder aus einer anderen Richtung. Der eine ritt auf einem Esel, der andere führte ein Kamel am Halfter. Ihr Ziel war die Karawanserei. Dort tränkten sie ihre Tiere und brachten sie in einem der Ställe unter. Dann strebten sie Seite an Seite, aber noch ohne ein Wort miteinander gesprochen zu haben, einer breiten Steinbank an der Ostseite der Karawanserei zu. Hier saß schon einer, ein alter Mann mit weißem Bart; ruhig schaute er den beiden Neuankömmlingen entgegen.

Man kam ins Gespräch über das Woher und Wohin. Und dabei ergab sich etwas Seltsames:

Über sein Woher, ja, da konnte jeder berichten. Aber über das Wohin, da war sich eigentlich keiner im klaren. Jeder von ihnen, das ergab sich, hatte an seinem Heimatort eine geheimnisvolle Weisung erfahren, einem Stern zu folgen, der ihn Zeuge werden lassen würde bei einem besonderen Ereignis.

Der Alte, Balthasar mit Namen und in seiner Heimat ein angesehener Weiser und Sternkundiger, hatte eine Deutung des Ereignisses in einem alten Buch gefunden und sich sogleich auf den Weg gemacht. Der zweite, Melchior, ein Wissenschaftler und Astrologe, hatte seine Wegweisung aus den Sternen abgelesen, dem Stern, dem einzigartig hellen Stern, zu folgen. Da widersprach der dritte, ein Schwarzer aus Afrika mit Namen Caspar, ein Medizinmann und Magier, dem unbekannte Stimmen den Weg gewiesen hatten: »Nein, es waren drei Sterne, drei Sterne, die tanzten. Ich hab' es ganz genau gesehen. Gewiß, jetzt ist es nur einer, ein ganz heller, aber es waren und es sind drei Sterne. Wie hätte auch ein Stern uns aus verschiedenen Richtungen hierher zusammenführen können.« Melchior ließ sich von seiner Meinung nicht abbringen: »Und doch ist es ein Stern, nur ein Stern, das haben auch meine Berechnungen ergeben.«

Beinahe wäre es zu einem Streit gekommen, wenn nicht der alte Balthasar vermittelt hätte. »Merkt ihr denn nicht, daß ihr beide dasselbe meint?« sagte er, »ich will es euch erklären. Hört mir gut zu: Es waren zunächst drei Sterne, der Stern des Glaubens, der Stern der Hoffnung und der Stern der Liebe. Und dann haben sie sich in dem Stern der Liebe vereint, der jetzt strahlend, feurig am Himmel steht.«

»Das leuchtet ein«, sagte Melchior, und auch Caspar gab sich zufrieden, denn alle drei waren weise Männer, die den Streit nicht wollten und andere Meinungen schließlich auch gelten ließen.

Plötzlich war der Stern verschwunden.

Die Männer schauten erschrocken und suchend den Himmel ab.

»Das ist, weil wir uns gestritten haben«, meinte Caspar.

Melchior war da anderer Meinung: »Nein, das kann ich nicht glauben, wo es doch nur eine kleine Meinungsverschiedenheit war.«

Auch Balthasar schüttelte den Kopf: »Ich glaube, wir sind noch nicht reif für die nächste Wegstrecke, die wir wohl gemeinsam zu gehen haben.«

»Was sollen wir tun?« fragte Caspar.

Balthasar zuckte mit den Schultern.

Melchior jedoch meinte: »Vielleicht haben wir nicht die richtigen Geschenke für das göttliche Kind. Ariel, der Geist der Winde und der Gedanken, hat mir Weihrauch mitgegeben. Ich selbst habe noch gar nichts. Muß wohl in der nächsten Stadt noch etwas Brauchbares kaufen.«

Caspar zeigte eine Kokosschale: »Hier ist Myrrhe drin, ein Geschenk der Wasser- und Pflanzengeister. Aber ich würde gerne auch etwas aus meinem Besitz für das Kind dazutun. Soll es doch der Erlöser der Welt sein.«

Balthasar lächelte: »Mir haben die Gnome etwas von ihren Goldschätzen anvertraut. Eigenartig... Erde, Wasser, Luft... und fürs Feuer gilt der Stern, das himmlische Licht... alle haben ein Geschenk für das göttliche Kind mitgegeben. Wir Menschen stehen dazwischen. Ich glaube aber nicht, daß es nur Dinge des täglichen Lebens sind, die man als Geschenk von uns erwartet, so notwendig sie sind. Ich glaube, unsere Geschenke müßten größer sein, von geistiger Art...«

Kaum hatte Balthasar ausgesprochen, da kam ein Sandsturm auf, der durch die großen Tore der Karawanserei heulte und die drei Männer schier zu Boden warf. Er brauste wild über die Oase hinweg und schien alles unter sich zu begraben. Und mitten im Sturm hörten die drei Männer eine Stimme.

Laut und mahnend rief sie: »Verstehet den Sinn der euch anvertrauten Geschenke, haltet sie rein! Denkt an die Weisheit eures Geistes, an die unge-

»Laßt uns ihm folgen«, sagten sie wie aus einem Munde.

So wanderten die drei Weisen aus dem Morgenlande weiter durch die Wüste. Und wie sie so gingen, war es, als ob sich unsichtbare Kronen auf ihre Häupter senkten, denn Balthasar, Melchior und Caspar waren Könige, Könige des Geistes.

Der Stern aber wies ihnen den Weg.

Was dann geschah …

Als die Hirten von Betlehem und die Weisen aus dem Morgenlande das neugeborene Kind anbeteten, als die Engel ihr Halleluja sangen, da verbreitete sich ein wunderbares Licht über dem Land. Der Himmel grüßte die Erde, und die Erde grüßte den Himmel. Die Welt war für eine kurze Weile voll Friede und Freude.

Aber was kam danach?

Bald hatte der Alltag die Menschen wieder. Die drei Weisen sattelten ihre Tiere und kehrten in ihre Heimat zurück. Die Hirten, der Hirtenjunge und das Lämmchen waren wieder auf der Weide bei den Schafen. Die Nachtigall flog mit den anderen Vögeln umher, und im Stall zu Bethlehem war Ruhe eingekehrt. Bald beschlossen auch Maria und Josef, aufzubrechen. Das Leben ging wieder seinen gewohnten Gang.

Und doch hatte sich im stillen vieles geändert …

Das Herz der Hirten war und blieb erfüllt von großer Freude. Sie stritten nicht mehr miteinander noch mit anderen. Sie waren milder zu den Tieren und dienten den Menschen und der Natur gleicher-

Wachsen und Gedeihen der Pflanzen, aber sie taten es anders als bisher. Sie alle hatten etwas mitbekommen von dem großen Licht, das der Erde geschenkt worden war. Unter dieses Licht stellten sie nun ihr Wirken, so daß bald jede Blüte zu einer kleinen Offenbarung der großen Schöpfung wurde. Wer das sah und erlebte, das war der blinde Amos. Und er erzählte den Menschen davon, die ihr Herz dafür öffneten.

Das schönste Geschenk aber nahmen die drei Weisen aus dem Morgenlande mit nach Hause. Als sie dem göttlichen Kind Gold, Weihrauch und Myrrhe schenkten, war eine Wandlung mit ihnen, in ihnen geschehen. Sie hatten auf ihrem Weg nach Bethlehem über vieles, auch über sich selber, nachgedacht, hatten ihre Seele bereitgemacht für das bevorstehende Ereignis, hatten böse Gedanken abgewehrt. Das war nicht immer leicht, wie es überhaupt schwer ist, zu den Wissenden zu gehören. Als sie dann aber vor dem Kind standen und ihre Gaben vor ihm ausbreiteten, fiel plötzlich alles Schwere von ihnen ab. Ein Lichtschein der Gnade schwebte unsichtbar von dem Kind zu ihnen herüber. Die Weisen neigten sich voll Demut und Dankbarkeit. Das war ein großes Geschenk, das ihnen zukam. Ein Geschenk, das nur der richtig zu werten vermag, der die geheime Last der Verantwortung und des Wissens kennt. Die weisen Männer wußten viel, und vieles war darunter, was sie für sich behalten mußten, damit es nicht falsch verwendet werde. Das Geschenk der Gnade nahm

Die Vorlesezeiten

Heidi und Jörg Zink

Wie Sonne und Mond einander rufen

Gespräche und Gebete mit Kindern

Mit Bildern von Hans Deininger

128 Seiten, gebunden ISBN 3-7831-0603-6

»Das neue Zink-Buch ist wirklich eine Fundgrube für Eltern, die mit ihren Kindern von Gott sprechen, erzählen, singen und beten wollen. Kinderfragen und -erlebnisse, Lieder, Verse, Geschichten, Psalmen in der von Zink bekannten kreisend-meditierend erklärenden Wiedergabe, katechismusartige Stücke und zusammenfassende Jesuserzählungen zu Festen, Vorschläge zu Fest und Feier, Überlegungen für Eltern zu grundsätzlichen Fragen des Kindergebets und der religiösen Erziehung überhaupt, dazu sprechende, elementare Bilder von Hans Deininger – ein reiches Buch. Psalmen und Erzählungen der Bibel, Lieder aus dem Gesangbuch und überlieferte Verse erhalten neue Farbe durch neue Zusammenhänge, in die sie von den Zinks gestellt werden, und durch neue Versprachlichungen, die sie finden. Ich denke dabei an die Wiedergabe von Psalm 19, 121 und 148, an das Glaubensbekenntnis für ›Kinder‹ (in dem auch die Erwachsenen ihren Glauben ausgesprochen finden können) oder an die Erzählung zu Pfingsten: Was ist das, ›Heiliger Geist?‹.«

Deutsches Allgemeines Sonntagsblatt